Manfred Mai

# Adventsgeschichten

Zeichnungen von Alex de Wolf

*Der Umwelt zuliebe ist dieses Buch*
*auf chlorfrei gebleichtem Papier gedruckt.*

ISBN 3-7855-2695-4 – 4. Auflage 1999
© 1994 Loewe Verlag GmbH, Bindlach
Umschlagillustration: Alex de Wolf

# Inhalt

# „Wir sagen euch an ..."

Petra und Sarah sitzen auf dem Sofa im Wohnzimmer. Sie haben sich schon den ganzen Tag darauf gefreut, dass heute die erste Kerze angezündet wird, und können es kaum noch erwarten.

„Mama! Papa!", ruft Petra.

„Wir kommen gleich!"

„Nicht gleich. Jetzt!", ruft Petra zurück.

„Ja doch", sagt Papa. „Wir sind ja schon da."

Mama holt Streichhölzer, zündet die erste Kerze an und löscht das Licht.

„Es ist ein bisschen düster", sagt Papa. „Findet ihr nicht?"

„Nein, so ist es schön", sagt Sarah.

„Singen wir jetzt?", fragt Petra.

„Natürlich", antwortet Mama. „Was wollt ihr denn singen?"

„Wir sagen euch an ...", sagt Petra.

Sarah schaut nachdenklich in die flackernde Kerze. „Mama, was heißt eigentlich Advent?", fragt sie auf einmal.

„Advent?" Mama überlegt. „Advent",
beginnt sie dann zögernd, „Advent heißt
Herankommen, Ankunft. Jesus wird näher
zu uns kommen und wir bereiten uns auf
seine Ankunft vor."

„Ich will jetzt singen", quengelt Petra
und fängt auch gleich an:

Wir sa - gen euch an den lie - ben ...

„Aber Tante Elsbeth hat uns im Kindergarten erzählt, dass Jesus immer bei uns
ist", sagt Sarah. „Dann muss er doch
nicht extra kommen."

„Sei doch du mal still", mault Petra und
gibt ihrer Schwester einen Stoß.

„Sei du nicht so laut und so grob", sagt
Papa zu Petra. Dann versucht er Sarahs
Frage zu beantworten: „Das ist wie bei
dir. Du bist auch schon über fünf Jahre
bei uns, jeden Tag. Und wenn sich dein
Geburtstag nähert, überlegen wir uns

jedes Mal, wie wir dir eine Freude machen können. Wir bereiten uns auf deinen Geburtstag vor und wenn er da ist, feiern wir ein Fest."

„Und ich will jetzt endlich singen", sagt Petra wieder.

„Wir singen ja gleich", sagt Mama.

Aber Sarah hat noch eine Frage. „Warum dauert der Advent denn so lange?"

„Damit wir uns in Ruhe auf das Weihnachtsfest vorbereiten können", erklärt Mama. „Weißt du, wir alle haben so viel zu tun, dass wir manchmal völlig vergessen über wirklich wichtige Fragen nachzudenken. Deswegen redet man in der Adventszeit im Kindergarten, in der Schule und in der Kirche über Jesu Geburt und was sie eigentlich für uns bedeutet …"

„Was heißt …"

„Du hast bestimmt noch viele Fragen", unterbricht Papa Sarah. „Und wir werden über alles reden. Aber nicht gleich am ersten Advent. Dafür haben wir zum Glück vier Wochen Zeit." Er schmunzelt. „Merkst du nun, warum die Adventszeit so lang sein muss?"

Sarah guckt ihn mit großen Augen an.

„Wenn wir jetzt nicht singen, will ich nicht mehr", sagt Petra und kämpft schon mit den Tränen.

Mama nimmt sie in den Arm. „Du hast Recht, es wird höchste Zeit, dass wir miteinander singen."

# Ein Verdacht

Patrick hat im Wohnzimmer seinen Zoo aufgebaut und spielt. Papa kommt herein und lässt sich in einen Sessel fallen. Sofort steht Patrick auf, klettert auf Papas Schoß und kuschelt sich an ihn.

„Erzählst du mir eine Geschichte?"

Papa schließt die Augen. „Lass mich bitte erst mal ein wenig ausruhen."

„Du sollst nicht schlafen", sagt Patrick und schiebt Papas Augenlider hoch.

„Ich schlaf doch nicht."

„Dann erzähl mir jetzt eine Geschichte."

„Was für eine?", fragt Papa.

„Vom Nikolaus."

„Vom Nikolaus?", fragt Papa. Er sieht aus, als denke er angestrengt nach. „Gleich … gleich … gleich hab ich eine."

Patrick schaut Papa gespannt an.

„Es war einmal ein Junge, der wollte eine Geschichte vom Nikolaus hören."

„Nicht so eine", ruft Patrick.

„Aber sein Vater konnte keine schöne Nikolausgeschichte erzählen. Da …"

Draußen poltert es. Patrick sperrt Mund und Augen auf. Schritte sind zu hören. Glöckchen bimmeln. Und plötzlich geht die Tür auf. Der Nikolaus! Die Kapuze seines roten Mantels hat er tief ins Gesicht gezogen.

„Guten Abend", sagt der Nikolaus und kommt ins Zimmer. Er stellt seinen schweren Sack auf den Boden. „Der ist

noch ganz voll", stöhnt der Nikolaus, „weil ich heute noch zu vielen Kindern muss." Er holt sein dickes Buch aus der Mantel- tasche und schlägt es auf. „Du bist also der Patrick?"

Patrick nickt.

Der Nikolaus liest in seinem Buch und wiegt bedenklich den Kopf hin und her. „Da steht ja allerhand drin", brummt er. „Aber leider nicht viel Gutes."

Patrick guckt auf den Boden. Dabei sieht er die Stiefel vom Nikolaus. Das sind gar keine richtigen Nikolausstiefel, denkt er. Die sind ja viel zu klein.

„Du bist oft ziemlich frech zu deinen Eltern, besonders zu deiner Mutter", sagt der Nikolaus. „Das macht ein lieber Junge nicht. Das muss anders werden."

Patrick nickt. Die Stimme brummt auch nicht so tief wie eine richtige Nikolaus-stimme, denkt er.

„Nach der Schule treibst du dich manchmal so lange herum, dass deine Eltern sich Sorgen um dich machen. Auch das muss anders werden."

Wieder nickt Patrick. Obwohl vom Gesicht des Nikolaus nicht viel zu sehen ist, fällt Patrick die kleine Nase auf. Das ist doch keine Nikolausnase.

„Und gestern hat dich deine Mutter gebeten den Abfall zur Mülltonne zu tragen. Hast du das denn getan?"

Patrick schüttelt den Kopf. Überhaupt ist der ganze Nikolaus zu klein, findet er.

„Das ist aber gar nicht schön", brummt der Nikolaus.

„Aber ich gehe manchmal für sie zum Bäcker", sagt Patrick.

„So. Na, das freut mich."

„Und zum Metzger."

„Mhm", macht der Nikolaus.

„Und ich habe beim Kindertennis einen
Pokal gewonnen." Patrick zählt weiter auf:
„Und dem Flori die Schulaufgaben
gemacht. Und einem Igel das Leben
gerettet. Und …"

Da muss der Nikolaus lachen. „Na, du
bist mir vielleicht einer", sagt er nur noch.
Dann greift er in den Sack, holt für Patrick

ein Päckchen heraus und verabschiedet sich.

Während Patrick sein Päckchen öffnet, sagt er zu Papa: „Ich glaube, das war gar kein richtiger Nikolaus."

„So?", sagt Papa.

„Ich glaube, das war noch ein junger Nikolaus, der es erst richtig lernen muss", erklärt Patrick. „Ein Nikolausschüler oder so was."

# Auf der Suche

Tobias und Michael waren Zwillinge.
Doch sie glichen sich keineswegs wie ein
Ei dem andern. Im Gegenteil: Sie waren
sehr verschieden.

   Tobias war ein stiller Junge. Oft saß
er stundenlang im Kinderzimmer und
bastelte, spielte oder las. Das fand
Michael langweilig. Er war viel lieber

draußen und heckte mit seinen Freunden tolle Streiche aus. Zu Hause blieb er nur, wenn es unbedingt sein musste.

Ausgerechnet kurz vor Weihnachten musste es wieder einmal unbedingt sein. Mutter ging mit Tobias zum Arzt. Danach wollte sie mit beiden in die Stadt fahren um für jeden einen Anorak zu kaufen. Michael sollte in der Zwischenzeit zu Hause warten. Normalerweise wäre er deswegen ziemlich sauer gewesen. Doch diesmal freute er sich. Denn nun konnte er sich in aller Ruhe auf die Suche nach den Weihnachtsgeschenken machen.

„Wo könnte Mama sie nur versteckt haben?", fragte sich Michael. Vielleicht auf dem Schrank im Schlafzimmer? Er holte die kleine Klappleiter und stieg hinauf. Geschenke entdeckte er zwar keine, aber dafür eine Schüssel mit Weihnachts-plätzchen. Sofort griff er hinein und schnappte sich eine Hand voll.

Während er Plätzchen mampfte, suchte er weiter nach den Geschenken. Und er

fand sie tatsächlich. Im Besenschrank
waren zwei Schachteln versteckt. Auf
einer stand „Michael", auf der andern
„Tobias".

Michael nahm seine Schachtel heraus
und öffnete sie neugierig. Eine Luft-
pumpe für seinen Fußball lag drin und –
Michael hüpfte vor Freude: ein funkfern-
gesteuerter Rennwagen! Den hatte er
sich schon so lange gewünscht!

Michael nahm ihn in die Hand und betrachtete ihn von allen Seiten. Dann stellte er ihn auf den Boden, holte den Sender und ließ den Rennwagen fahren. Zuerst ganz langsam. Dann schneller und schneller.

Weil Michael noch keine Übung hatte, lenkte er im entscheidenden Moment in die falsche Richtung. Der Rennwagen steuerte nach rechts statt nach links und prallte mit voller Wucht gegen die Küchentür. Dabei brach das rechte Vorderrad ab.

Michael erschrak. Er kniete nieder und besah sich das Unglück. Tränen liefen ihm über die Wangen.

Plötzlich sprang er auf, lief zum Besenschrank und öffnete hastig die andere Schachtel. Ein Buch lag drin und auch ein Rennwagen. Den nahm er nun heraus und stellte ihn in seine Schachtel. Dann holte Michael Klebstoff, klebte das abgebrochene Rad wieder an und schob den Wagen vorsichtig in die Schachtel von

Tobias. Zum Schluss stellte er alles wieder so hin, dass es aussah wie vorher.

An diesem Abend konnte Michael lange nicht einschlafen. Sobald er die Augen schloss, sah er das angeklebte Rad vor sich. Dabei klopfte sein Herz immer stärker und das Ameisengefühl im Bauch war kaum noch auszuhalten.

„Tobi", flüsterte er.

Tobias gab keine Antwort. Da stand Michael leise auf und schlich aus dem Zimmer.

Die Tür zum Wohnzimmer war nur angelehnt. Drinnen lief der Fernseher. Michael bückte sich und krabbelte auf allen vieren an der Tür vorbei. Gerade als er den Besenschrank öffnen wollte, kam die Mutter aus dem Wohnzimmer.

„Michael", sagte sie erstaunt. „Was machst du denn da?"

„Ich ... äh ... nichts", stotterte er. „Ich ... ich muss aufs Klo."

„Aufs Klo?", fragte die Mutter. „Dann bist du aber an der falschen Tür." Sie schüttelte den Kopf.

Michael sagte nichts mehr.

Er verschwand in Richtung Klo, setzte sich dort und wartete ein bisschen. Dann ließ er die Wasserspülung rauschen und ging wieder hinaus. Zum Glück stand Mutter nicht mehr draußen. Schnell lief er ins Kinderzimmer und schlüpfte in sein Bett.

„Morgen", sagte er zu sich selbst, „morgen tausche ich die Rennwagen wieder aus. Ganz bestimmt."

Am nächsten Tag konnte er in der Schule überhaupt nicht aufpassen und wurde von der Lehrerin geschimpft. Als die letzte Stunde zu Ende war, rannte Michael sofort nach Hause.

„Was ist denn mit dir los?", fragte Mutter überrascht. „Du kommst vor Tobias heim? Das hat es ja noch nie gegeben. Ist etwas passiert?"

„Nein", sagte Michael nur.

Mutter sah ihn fragend an. Und als Michael nach dem Mittagessen nicht wie sonst zu seinen Freunden ging, machte sie sich ernsthaft Sorgen. Sie legte Michael eine Hand auf die Stirn. „Hm, Fieber hast du nicht", sagte sie. „Aber irgendwas stimmt nicht mit dir. Das merke ich doch."

„In der Schule war er auch schon so komisch", sagte Tobias. „Frau Schneider hat …"

„Halt die Klappe!", rief Michael und lief hinaus.

Im Kinderzimmer versetzte er der Legoburg einen Tritt, dass sie krachend

auseinander flog. Dann warf er sich aufs
Bett und heulte.

Wenig später kam Mutter und setzte
sich zu ihm. „Was hast du denn? Willst du
es mir nicht sagen?"

Michael rührte sich nicht.

„Hör mal, ich muss jetzt schnell den
Papa abholen", sagte Mutter. „Aber wenn
ich zurück bin, reden wir mal in Ruhe

miteinander." Sie strich Michael liebevoll über den Kopf. Dann stand sie auf und ging hinaus.

Michael drehte sich um und wischte

sich die Tränen weg. Er horchte, bis die Wohnungstür ins Schloss fiel.

Leise schlich er durch den Flur. Vor dem Wohnzimmer blieb er stehen und schaute kurz hinein. Tobias saß am Tisch und machte Hausaufgaben. Er bemerkte Michael gar nicht. Der lief schnell zum Besenschrank und riss die Tür auf.

Aber was war das? Er traute seinen Augen nicht. Die Schachteln mit den Geschenken waren verschwunden!

Michael stand eine ganze Weile wie benommen vor dem Schrank. Dann fing sein Gehirn wieder an zu arbeiten. Was soll ich jetzt machen?, fragte er sich. Die Geschenke suchen? Einen neuen Rennwagen kaufen? Alles gestehen? Oder lieber nichts sagen?

Michael schlich zurück ins Kinderzimmer und dachte lange nach. Dann wusste er, was er zu tun hatte …

# Gerettet

„Los, beeilt euch!", ruft Vater Allgaier und zieht schon seine Winterjacke an. „Ich will nicht wieder so einen mickrigen Christbaum wie letztes Jahr. Ich will diesmal rechtzeitig dort sein."

Lena und Florian kommen angesaust, schnappen ihre Jacken und setzen sich die Pudelmützen auf. „Wir sind fertig!"

Vater Allgaier marschiert mit Riesenschritten zum Auto. Die Kinder können ihm kaum folgen.

„Schon halb zehn vorbei", brummt er mürrisch, als sie endlich im Auto sitzen. Er gibt kräftig Gas. Als sie sich dem Christbaummarkt nähern, kommen ihnen die ersten Leute mit Bäumen entgegen.

„Da seht ihr's", schimpft Vater Allgaier. „Ich hab's ja geahnt, dass wir zu spät sind!"

Zum Glück findet er gleich einen Parkplatz.

„Nun aber los", ruft er.

Lena und Florian springen aus dem Auto und laufen hinter ihrem Vater her. Der drängelt sich zwischen den Leuten durch und guckt sich schnell um. Viele Bäume liegen schon auf dem Boden, schmutzig und mit abgebrochenen Ästen.

„Die armen Bäume", sagt Lena. „Die will bestimmt niemand mehr haben. Was wird denn dann mit denen?"

„Das ist jetzt nicht meine Sorge." Vater Allgaier entdeckt in der hintersten Ecke des Hofes ein paar Bäume, die noch niemand zerwühlt hat. „Kommt mit!"

Da sieht er, wie auch eine Frau und ein Mann auf diese Bäume zugehen. Vater Allgaier fängt an schneller zu laufen. Die Frau und der Mann ebenfalls. Vater Allgaier schnappt den ersten Tannenbaum und wirft ihn Florian entgegen. „Halt fest!"

Florian ist von dem fliegenden Baum so überrascht, dass er nicht reagieren kann. Der Baum schmeißt ihn fast um.

Schon fliegt der zweite Baum auf Lena zu. Die kann gerade noch zur Seite springen.

Vater Allgaier greift auch noch einen dritten Baum.

„Das ist meiner!", ruft die Frau. „Den habe ich zuerst gesehen." Und schon fasst auch sie nach dem Baum.

Vater Allgaier will ihn zu sich herholen.

Doch die Frau hält den Baum gut fest.

„Das ist meiner", sagt sie noch einmal und zieht mit ganzer Kraft.

Aber auch Vater Allgaier zerrt und zerrt.

„Nun seien Sie doch kein Unmensch", mischt sich der Mann ein, „und lassen Sie der Frau den Baum! Sie haben doch schon zwei Bäume."

„Das geht Sie überhaupt nichts an", sagt Vater Allgaier, lässt den Baum aber trotzdem los. Er drückt Lena einen anderen Baum in die Hand. „Halt mal fest, damit ich ihn mir ansehen kann."

Lena hält den Baum, ihr Vater geht langsam drum herum.

„Na ja, besonders schön ist er nicht."

Inzwischen versucht Florian den Baum aufzustellen, der ihn fast umgeworfen hat.

„Warte, ich helfe dir", sagt Vater Allgaier. Dann prüft er auch diesen Baum genau. „Der hat ja gar keine Spitze und krumm gewachsen ist er auch. Also nein, so eine Hecke kommt mir nicht ins Haus."

„Ich find ihn schön", meint Florian.

„Schön?", fragt Vater Allgaier. „Den?" Er guckt Florian zweifelnd an. „Junge, Junge, du musst noch viel lernen."

„Ich find ihn trotzdem schön", wiederholt Florian.

Vater Allgaier hört es nicht mehr. Er prüft schon den nächsten Tannenbaum, dann noch einen und noch einen und noch einen. Aber mit keinem ist er zufrieden.

„So kriegen wir nie einen Baum", sagt Florian.

„Lieber keinen als so einen", antwortet Vater Allgaier.

„Ich will aber einen Baum." Florians Augen füllen sich mit Tränen. „Und bald sind alle weg."

„Papa!", ruft Lena da. „Ich hab einen!" Sie steht zwischen den Leuten und hält ihren Baum gut fest.

„Der ist schön gewachsen", sagt Vater Allgaier beim Näherkommen.

„Den nehmen wir", ruft Florian.

„Aber der ist ja ganz dreckig." Vater Allgaier geht um den Baum herum. „Und ein Ast ist auch abgebrochen, nein, sogar zwei …"

„Aber er ist echt schön gewachsen", unterbricht Florian seinen Vater. „Das hast du selbst gesagt."

„Ja, schon …"

„Den Dreck kann man wegputzen", unterbricht ihn auch Lena. „Dann ist er der schönste Baum von allen."

„Mit zwei abgebrochenen Ästen."

„Er hat ja noch so viele ganze Äste", sagt Lena.

Florian unterstützt seine Schwester. „Und wenn er erst geschmückt ist …"

„Also, ich weiß nicht …"

„Bitte, bitte, Papa!"

„Tja, wenn ihr zwei euch so einig seid, dann müssen wir ihn wohl oder übel nehmen – bei der Auswahl hier."

„Spitze!", rufen beide.

Vater Allgaier trägt den Baum zur Kasse.

„Was, den wollen Sie haben?", fragt der Kassierer erstaunt.

„Ja, warum nicht?"

„Der ist … der ist doch ganz verdreckt. Und da, die abgebrochenen Äste …"

„Was glauben Sie, wie der aussieht, wenn er erst geputzt und geschmückt ist!", sagt Vater Allgaier.

„Wenn Sie meinen."

„Ja, das meine ich." Er zwinkert Lena und Florian zu. „Und jetzt möchte ich den Baum bitte bezahlen."

„Bezahlen?" Der Kassierer schüttelt den Kopf. „Den bekommen Sie umsonst. Der wäre sowieso auf den Müll geflogen."

„Auf den Müll?" Lena ist entsetzt.

„Na, komm", sagt Vater Allgaier. „Wir haben ihn ja davor gerettet."

Florian nickt heftig. „Ja, gerettet", wiederholt er.

# So viele Päckchen

Familie Schulzki isst gerade zu Mittag, als es an der Haustür läutet. Herr Schulzki geht hinaus. Jan, Christina und Thorsten laufen hinterher.

„Ach, du bist es, Paul", sagt Herr Schulzki. „Du kommst aber spät."

„Das ist nicht meine Schuld", brummt Paul Huber und streckt Herrn Schulzki ein Päckchen und mehrere Briefe entgegen. „Wenn die Leute vor Weihnachten nicht so viel in der Weltgeschichte herum- schicken würden, müsste sich unsereins auch nicht so abschleppen."

„Ich weiß, du hast viel zu tun in diesen Tagen", sagt Herr Schulzki. „Möchtest du vielleicht ein Schnäpschen zum Auf- wärmen?"

„Mir ist schon warm genug. Ich muss weiter."

„Dann mach's gut, Paul."

„Jaja", knurrt der.

„Der Paul hat mal wieder seinen Rappel",

sagt Herr Schulzki schmunzelnd zu
seiner Frau.

„Was ist ein Rappel?", will Thorsten
wissen.

„Wenn jemand anders ist als sonst",
erklärt Frau Schulzki. „Wenn er leicht
gereizt ist und ein bisschen spinnt, dann
sagt man, er hat einen Rappel."

„Warum hat denn der Paul immer einen Rappel?", fragt Thorsten.

„Der hat nicht immer einen Rappel", antwortet Frau Schulzki, „sondern nur, wenn er so viel Arbeit hat wie jetzt. Stellt euch mal vor, was er bis zum Heiligen Abend alles austragen muss. Die vielen Glückwunschkarten, die Päckchen und Pakete …"

„Es ist nicht nur die viele Arbeit", sagt Herr Schulzki. „Ich glaube, er spürt in der Adventszeit noch mehr als sonst, dass er keine Familie hat und ziemlich allein ist."

„Dann bekommt er ja auch gar keine Päckchen", sagt Christina.

„Wahrscheinlich nicht."

„Das ist aber ungerecht." Christina legt ihre Gabel weg. „Er muss allen Leuten Päckchen bringen und kriegt selbst keine."

„Tja, so ist das nun mal. Da kann man nichts machen", sagt Herr Schulzki achselzuckend.

„Doch", widerspricht Christina. „Dann müssen wir eben ein Päckchen für ihn machen."

„Au ja!", ruft Jan begeistert. „Das machen wir."

Auch Thorsten und die Eltern finden Christinas Idee prima.

„Aber was sollen wir ihm schenken?", fragt Jan.

Das ist eine gute Frage. Sie überlegen lange und machen viele Vorschläge. Einen Hund, einen Vogel, Handschuhe, Ohrenschützer, Zigarren, ein Buch, eine Schallplatte, etwas zum Spielen oder Basteln oder …

„Nein", sagt Christina schließlich. „Das ist alles nicht das Richtige."

Und so beschließen die Kinder sich im Dorf umzuhören …

Am Heiligabend machen sich Jan, Christina und Thorsten kurz nach fünf auf den Weg zu Paul Huber. Sie schleichen zu seinem Haus, legen ein Päckchen vor die Tür und klingeln. Dann rennen sie

wieder zurück und verstecken sich hinter
einem Strauch.

Das Hoflicht geht an, Paul Huber öffnet
die Tür. Er schaut sich um.

„Ist da jemand?"

Er kommt zwei, drei Schritte heraus,
dabei stößt er mit dem Fuß gegen das
Päckchen.

„Was ist denn das?", murmelt er und hebt es auf. „Ein Päckchen?" Er schaut sich noch einmal um und schüttelt den Kopf. „Komisch." Dann geht er mit dem Päckchen ins Haus.

„Für Paul Huber", liest er und schüttelt wieder den Kopf. Er zieht an der Schlaufe und entfernt das rote Band. Dann reißt er vorsichtig das Papier auf und öffnet das Päckchen.

Heraus kommt ein Marzipanschwein – und noch ein Päckchen. Paul Huber öffnet auch das. Und wieder ist ein Marzipanschwein drin – und noch ein Päckchen. So geht das weiter.

Schließlich stehen sechs Marzipan-
schweinchen auf dem Tisch und gucken
Paul Huber an.

„Schade, dass wir sein Gesicht nicht
sehen können", flüstert Jan draußen.

„Ich kann es mir vorstellen", flüstert
Christina zurück.

„Ich auch."

# Ein besonderer Tag

Onkel Eduard ist der fleißigste Mensch, den man sich denken kann. Er arbeitet von früh bis spät. Jeden Tag, manchmal sogar am Sonntag. Keiner kennt sich in der Fabrik so gut aus wie er. Und darauf ist Onkel Eduard sehr stolz.

Doch weil er fast immer an die Fabrik und die Arbeit denkt, vergisst er viele andere Dinge.

Das fing schon an, als er noch ein junger Mann war. Damals hatte er eine sehr nette Braut, vergaß jedoch den Hochzeitstag – und blieb allein. Später vergaß er Urlaubsreisen anzutreten. Dann vergaß er den Urlaub völlig und arbeitete einfach weiter. Er vergaß sogar seinen eigenen Geburtstag.

Onkel Eduard ist also nicht nur der fleißigste Mensch, den man sich denken kann, sondern auch der vergesslichste. Und es wird von Jahr zu Jahr schlimmer mit ihm.

Jeden Morgen rasselt sein Wecker zehn Minuten nach sechs. Das ist auch an diesem kalten Dezembermorgen nicht anders. Onkel Eduard springt sofort aus dem Bett und eilt ins Bad. Dann zieht er sich an, frühstückt und fährt mit dem Bus in die Fabrik.

Weil er wie immer die Zeitung liest, bemerkt er nicht, dass viel weniger Leute als sonst mitfahren. Auch als er vor dem verschlossenen Fabriktor steht, fällt ihm nichts auf, denn er ist oft der Erste. Er schließt auf, geht in sein Büro und setzt sich an die Arbeit.

Erst als sein Kollege Sauerkoch um acht noch nicht da ist, wird Onkel Eduard unruhig. „Der Sauerkoch wird doch wohl nicht krank geworden sein", murmelt er.

Jetzt fällt ihm plötzlich auch die Stille auf. Er hebt den Kopf und schaut aus dem Fenster. „Was ist denn das?", ruft er erschrocken. „Der ganze Parkplatz ist ja leer!"

Onkel Eduard läuft auf den Flur, klopft an sämtliche Türen, läuft in die Werkhalle und bleibt dort fassungslos stehen: Kein Mensch weit und breit.

Dann trottet Onkel Eduard in sein Büro zurück. Dort setzt er sich hin und muss sich von dem Schreck zuerst erholen. Dann ruft er seinen Kollegen Sauerkoch an und fragt ihn, warum er und alle anderen nicht zur Arbeit gekommen seien.

„Ja, wissen Sie denn nicht, was heute für ein Tag ist?", fragt Sauerkoch. „Dann tun Sie mir aber Leid!" Und schon hat er den Hörer aufgelegt.

Onkel Eduard schaut auf den Kalender: Donnerstag, 24. Dezember, steht da.

„Was soll denn an diesem Donnerstag Besonderes sein?", fragt er sich.

Nachdenklich kratzt er sich am Kopf. „Ob ich das vielleicht wieder vergessen habe?"

Er setzt sich an die Rechenmaschine und will noch schnell eine Aufgabe fertig rechnen. Dabei vertippt er sich dauernd, was ihm sonst nie passiert. Sauerkochs Satz „Dann tun Sie mir aber Leid!" geht Onkel Eduard nicht mehr aus dem Kopf.

Er lässt die Arbeit liegen und fährt mit dem Bus in die Stadt zurück. Dort ist schon ein reges Treiben zu beobachten.

„Na also", sagt sich Onkel Eduard beruhigt. „Die Läden haben geöffnet wie immer, die Leute kaufen ein wie immer. Was soll heute schon Besonderes sein."

Aber er will ganz sichergehen. Deshalb fragt er eine Frau: „Wissen Sie, was heute für ein Tag ist?"

Die Frau starrt Onkel Eduard an, als wäre er ein Mondkalb. Dann läuft sie schnell weiter.

„Na, so was", sagt Onkel Eduard und schüttelt den Kopf.

Als er einen Mann fragt, antwortet der:
„Sie wollen mich wohl auf den Arm
nehmen!"

„Entweder sind die Leute verrückt oder
ich", murmelt Onkel Eduard.

Langsam geht er weiter. Da hört er auf
einmal aus einem Spielwarengeschäft
Musik, bleibt stehen und lauscht.

Al-le Jah-re wie-der kommt das Chris-tus-kind ...

Onkel Eduard fasst sich an den Kopf.
„Jetzt weiß ich, was heute für ein Tag ist!
Ich bin vielleicht ein ..."

**Manfred Mai**, 1949 in Winterlingen geboren, wuchs auf einem Bauernhof auf. Als Kind machte er sich nichts aus Büchern und hatte mit Schule auch nicht allzuviel im Sinn. Nach dem Schulabschluss begann er eine Malerlehre und arbeitete in einer Fabrik. Aber so recht glücklich war er dabei nicht. Er wurde immer unzufriedener und ging auf die Suche nach Neuem. In dieser Zeit entdeckte er, dass Bücher etwas Tolles sind. Er las und lernte viel, wurde Lehrer und schließlich Schriftsteller. Heute lebt Manfred Mai mit seiner Frau und zwei Töchtern in seinem Geburtsort Winterlingen im schönen Schwabenländle.

**Alex de Wolf** wurde 1958 in Amstelveen geboren. Er studierte Grafik und Illustration an der Rietveld-Akademie in Amsterdam. Mit drei Kollegen gründete er 1991 ein Studio an der Prinsengracht, einem Amsterdamer Kanal. Am liebsten illustriert Alex de Wolf Kinder- und Jugendbücher.

# Der bunte Lesespaß

Leselöwen Schlummergeschichten — Karin Jäckel — Loewe

Leselöwen Schulgeschichten — Manfred Mai — Loewe

Leselöwen Weihnachtsgeschichten — Ursel Scheffler — Loewe

Leselöwen Lachgeschichten — Cordula Tollmien — Loewe

Leselöwen Engelgeschichten — Barbara Cratzius

Leselöwen Familiengeschichten — Katharina Kühl

24 Leselöwen Geschichten zum Advent — Loewe